El Signo De CAPRICORNIO

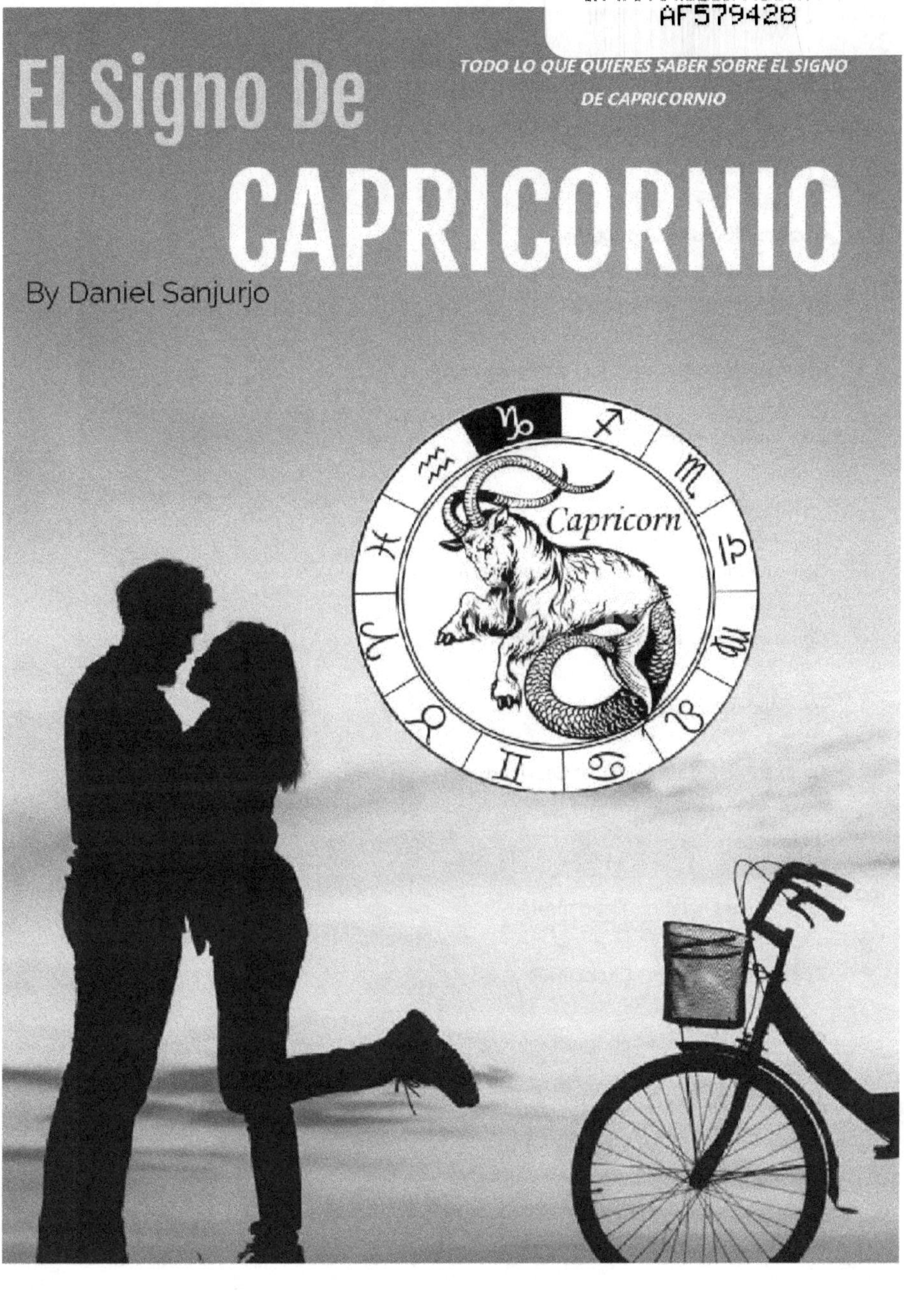

TODO LO QUE QUIERES SABER SOBRE EL SIGNO DE CAPRICORNIO

By Daniel Sanjurjo

Capricorn

Tabla de contenido

Tabla de contenido

Tabla de contenido

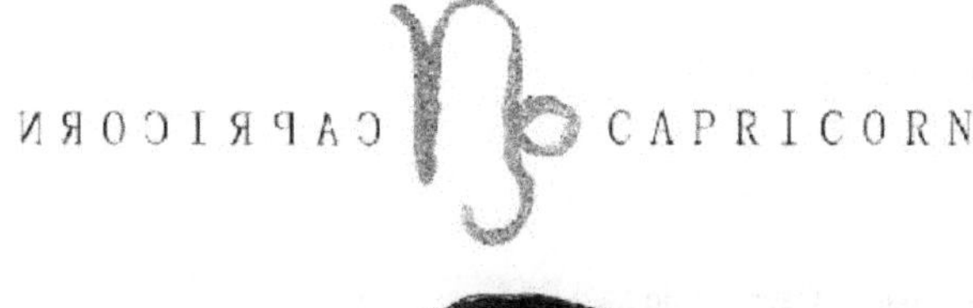

Características de Capricornio

Personalidad del signo Capricornio, ¿Cómo son los capricornio?

Fechas Capricornio 22/12 - 20/1

Un capricornio tiene ambición y es disciplinado. Es práctico y prudente, tiene paciencia y hasta es cauteloso cuando hace falta. Tiene un buen sentido de humor y es reservado. Les gusta la fiabilidad, el profesionalismo, una base sólida, tener un objetivo, el liderazgo.

Descripción de Capricornio

Un Capricornio es un de los signos del zodiaco más estables, seguros y tranquilos. Son trabajadores, responsables y prácticos y dispuestos a persistir hasta sea necesario para conseguir su objetivo. Son fiables y muchas veces tienen el papel de terminar un proyecto iniciado por uno de los signos más pioneros. Les encanta la música.

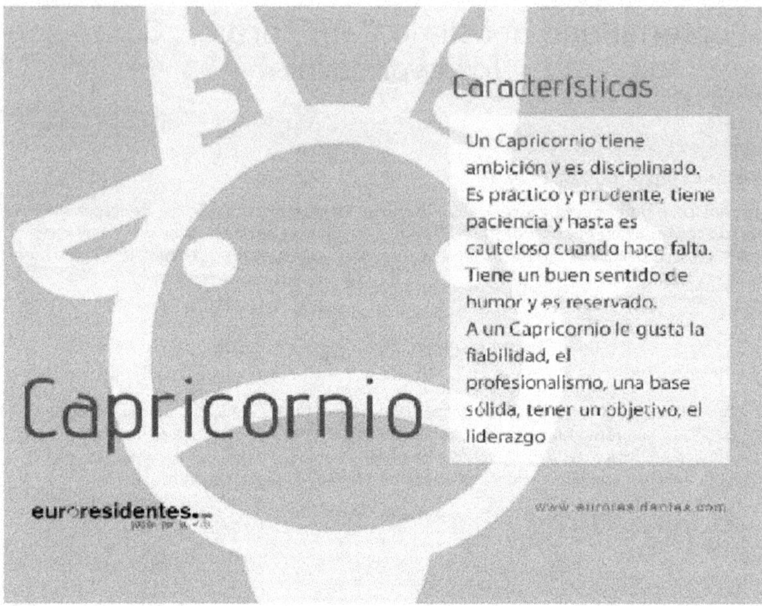

Un Capricornio exige mucho de sus empleados, familiares y amigos, pero solo porque se lo exige también a si mismo. Suelen ser personas justas. No se encuentran entre los signos del zodiaco más felices. Más bien tienden a veces hacia el melancolizo y pesimismo. Cuando un Capricornio sufre depresión debe buscar ayuda. De hecho un Capricornio debe siembre intentar mantener una estabilidad emocional a través de la meditación, respiración o actividades que le ayudan a relajarse y no perder control de sus emociones.

Capricornio en el amor y las relaciones personales

A veces le cuesta a un Capricornio sentirse feliz en sus relaciones personales. Pueden tender a ser reservados con desconocidos. Es más probable que un Capricornio tenga pocos buenos amigos (hacia los que siente una lealtad absoluta) que muchos amiguetes. A veces les cuestan las relaciones con el sexo opuesto, aunque una vez se enamoran suelen ser fieles y algo celosos.

- Cómo conquistar a un Capricornio
- Capricornio y el sexo
- Compatibilidad de Capricornio con otros signos

Capricornio y el trabajo

Los Capricornio son buenos gestores. Son honestos y respetan (o exigen) la disciplina. Son tercos y capaces de anteponer su familia o trabajo sobre sus propios deseos o necesidades. Son grandes organizadores, y suelen tener algún tipo de ambición económica (y dada su capacidad para perseguir un objetivo, muchas veces la realizan).

Muchas veces los Capricornio trabajan en profesiones relacionados con la economía. Economistas, contables, gestores, empleados en el sector inmobiliario, políticos. Son excelentes docentes y administradores, científicos, agricultores y constructores.

Conquistar a Capricornio

Qué hacer para conquistar a un Capricornio y sobre todo que es lo que no tienes que hacer y debes evitar si quieres seducirlos y volverlos locos de Amor.

Cómo es un Capricornio y cómo conquistarle

Dada su propensión hacia el pesimismo y el fatalismo puedes desempeñar una papel imprescindible en su vida si sabes cómo tratarlo para sacarlo de estas tendencias, apoyándolo en sus objetivos y propiciando una base sólida para sus ambiciones.

A Capricornio hay que saber cultivarle su sentido de la prudencia, saber respetarle sus reservas y silencios y fomentar su espacio de tranquilidad y seguridad.

Los Capricornio sienten debilidad por la música, por lo que una buena estrategia es cultivar y disfrutar con él de esta afición.

Si optas por ser su pareja debes estar preparado /a, pues **es muy exigente** en todos los sentidos, tanto como lo que se suele exigir a sí mismo.

No suelen mostrar fácilmente sus sentimientos y le costará mostrarse feliz en una relación, por lo es algo que hay que sobrellevar. También hay que resaltar su dificultad para mantener la estabilidad emocional.

Ver también **Capricornio y el sexo | Compatibilidad Capricornio.**

Cómo conquistar a un hombre Capricornio

Capricornio es un signo ambicioso, un trepador social y con una visión seria de la vida, rechazando cualquier frivolidad.

El éxito material es muy importante. Así que una forma de conquistarle es darle seguridad material o financiera. Háblale de tus habilidades.

Para seducir a un Capricornio deberás ser práctica y con los pies en el suelo, casi con mentalidad empresarial. A los hombres de este signo **no les gustan los riesgos**. También son bastante recelosos y esto hace bastante difícil su conquista.

Tienen tendencia a ser *workaholic* y no los critiques puesto que, esto no te ayudará a progresar en su relación con los hombres de este signo.

workaholic

Una buena técnica para tratar con ellos es organizarte bien y hablar de tus ambiciones. **Privacidad y discreción** son sus palabras clave. Para conquistarle mantén tu relación en secreto. No hagas ostentaciones de vuestra relación con gestos públicos o muestras de afecto.

Cómo conquistar a una mujer Capricornio

La mujeres Capricornio son cautas y calculadoras y, por lo general, **no son fáciles de seducir**. Generalmente, se posicionan en alto nivel y tienden a ser un poco presuntuosas y esnobistas. También tienden a ser dominantes y ambiciosas.

Si deseas seducir a una mujer Capricornio deberás **tomarte tu tiempo y ser serio** a cerca de tus intenciones. Las mujeres de este signo **odian la vulgaridad**. Asegúrale tu buena reputación y tus logros. Muéstrate a ella como un hombre hecho a ti mismo.

En público las mujeres Capricornio son conservadoras y de creencias tradicionales. Algunas veces, sus deseos sexuales son subliminados en aras a la seguridad.

Si deseas conquistarla debes transmitirle un gran sentido de la seguridad (material o financiera).

Al igual que pasa con los hombres Capricornio, a las mujeres tampoco les gustan los gestos públicos y las muestras de afecto explícitas. Mantener en secreto la relación puede ser positivo.

Los Capricornio & Sexo

Es importante plantear hacer cosas juntos y que la conquista sea efectiva. Con seriedad y cariño. El amor siempre va por delante.

Recuerda que debes prepararte físicamente para ser atractivo /a para los Capricornio y hacer todo lo que esté en tu mano para impresionar a su familia y a sus amigos. Ten muy presente lo que hemos dicho en **Cómo conquistar a un Capricornio**.

De cara al sexo conviene ser muy transparente con los Capricornio, ya que este signo es de naturaleza escéptica y no se atreven a confiar en los demás. Cuanto más abierto seas con ellos, más cómodos se sentirán como amantes. Con un Capricornio se llega al sexo a través del amor, de los sentimientos.

También conviene ser lento y paciente con ellos. Constancia y lentitud son dos buenos ingredientes para sacar de los Capricornio todo lo mejor que pueden dar de sí. Recuerda que los pertenecientes a este signo muestran una gran resistencia al cambio, esto y su desconfianza hace que en cuestiones de sexo se avance lentamente. Para llegar a ayudarles a sacar el verdadero amante que llevan dentro, hay que actuar con finura y paciencia. Utilizando las pautas sociales establecidas: flores, invitaciones varias a espectáculos y a cenar... Todo ese protocolo es necesrio, para que él /ella consideren, que eres un amante que vale la pena, que sabes hacer las cosas bien.

La perseverancia es una palabra clave para tratar en estos temas con los Capricornio. Aunque pueda parecer imposible, romper su coraza exterior, será factible si se persevera con ellos /as y se les conquista el corazón primero. Con esfuerzo un /a amante Capricornio será una apasionada pareja sexual, pero tendrás que trabajartelo.

Con este signo se puede disfrutar de la seguridad. Una vez que hayas atrapado a un /a Capricornio su amor no irá ya a ningún lugar. Y hoy en día, el sexo seguro es el mejor sexo.

Lo que más le gusta en la cama a un Capricornio es que le acaricien la espalda, los riñones y las nalgas. Imprescindibles los largos preliminares y el cariño. Les encanta hacerlo sobre una mesa. Pero es fundamental, no perder el contacto visual con él/ella, ya que les hace sentir en confianza.

Compatibilidad sexual de los Capricornio:

Con los **Capricornio** los signos más compatibles son los **Tauro** y **Virgo**, que signos de Tierra como ellos mismos. Y también serían compatibles con: **Escorpio y Piscis.**

¿Tienes que hacer un **regalo** a un amigo o familiar o pareja **Capricornio** y no sabes bien qué regalarle? Aquí te ofrecemos algunas sugerencias sobre los mejores regalos para alguién cuyo signo es Capricornio.

Antes de comprar el regalo, piensa un poco en las características de Capricornio.

Los Capricornios son muy parternales, tradicionales y bastante estrictos consigo mismo y con los que les rodean. Les encanta trabajar, son algo materialistas, ambiciosos y les gusta dirigir. Les gustan artículos de marcas caras con clase.

No se suelen permitir caprichos, ya que son muy disciplinados y bastante cuidadosos con su dinero. Sin embargo, a los Capricornios sí les gustan los regalos prácticos y útiles, y también los regalos cuyo valor se incrementará con el tiempo.

Regalos para hombres Capricornio

- Un precioso **portatrajes** para sus viajes de negocios.
- Una caja de **vino** de una cosecha limitada para guardar durante unos años.
- El **cuadro** de un pintor todavía poco conocido pero, según los expertos, con un futuro muy prometedor.
- Un GPS o un teléfono móvil inteligente.
- Un **curso de golf** o, si ya juega, unos palos nuevos, bolsa o ropa para jugar.
- Una **pluma** con su nombre grabado en un estuche de mesa muy bonito.
- Un **juego de mesa** para su despacho, como mini-golf o mini-bolos
- La **autobiografía** de un empresario de gran éxito como Bill Gates o Emilio Botín u otro profesional por el que sienten admiración
- Una **corbata** de marca o un **cinturón** reversible.
- Suscripción anual a una revista con noticias económicas o de inversión o relacionada con un tema que le interese
- Una reserva en el un restaurante de moda.
- **Clases de baile** de salón.

- Un precioso **portatrajes** para sus viajes de negocios.
- Una caja de **vino** de una cosecha limitada para guardar durante unos años.
- El **cuadro** de un pintor todavía poco conocido pero, según los expertos, con un futuro muy prometedor.
- Un GPS o un teléfono móvil inteligente.
- Un **curso de golf** o, si ya juega, unos palos nuevos, bolsa o ropa para jugar.
- Una **pluma** con su nombre grabado en un estuche de mesa muy bonito.
- Un **juego de mesa** para su despacho, como mini-golf o mini-bolos
- La **autobiografía** de un empresario de gran éxito como Bill Gates o Emilio Botín u otro profesional por el que sienten admiración
- Una **corbata** de marca o un **cinturón** reversible.
- Suscripción anual a una revista con noticias económicas o de inversión o relacionada con un tema que le interese
- Una reserva en el un restaurante de moda.
- **Clases de baile** de salón.

Regalos para mujeres Capricornio

- Un **estuche de plata** con su nombre grabado para llevar sus tarjetas de visita.
- Una **botella de champán** francés.
- Una **raqueta de tenis o paddle**, o si ya tienen una, una funda especial u otro complemento.
- Un **calendario de pared** con fotos preciosas de paisajes o con cuadros de su artista favorito.
- Un **jarrón** muy fino para flores.
- Un **ordenador** portátil.
- Una **crema corporal** muy exclusiva, que sabes que jamás se compraría para sí misma.
- Un **libro de auto-ayuda**, tipo *Quién se ha llevado mi queso*.
- Un **reloj** de pared muy llamativo.
- Un **curso** de esgrima.
- Una Tablet.
- Unas **velas** bonitas y perfumadas.
- **Entradas** para ver una ópera o una obra de teatro.

Símbolos de Capricornio

El ambicioso Capricornio es un signo de Tierra, tenaz y propenso a la preocupación. Para los nacidos entre (21/12 - 19/1).

Capricornio es el **organizador** del Zodíaco. Capricornio está gobernado por **Saturno.** Su símbolo es **la cabra de mar**. Su emplazamiento natural es la décima casa, la casa del **estatus y las profesiones.**

Colores, Piedras, Metales, Árboles y Flores de Capricornio

- **Colores**: El verde es el color de Saturno, gobernante de Capricornio. Verde profundo, marrón y gris oscuro.
- **Piedras**: Zafiro
- **Metal**: Plomo.
- **Árboles**: pinos, olmos y los árboles más comunes.

Capricornio y el Reino Animal

La Cabra

La Cabra es un animal seguro, perseverante y ágil en la montaña, la cabra es una criatura de gran fuerza y resistencia a la hora de escalar colinas y terrenos escarpados.

El Castor

El Castor realiza simboliza el duro trabajo de esta criatura inteligente y laboriosa, El castor vive cerca de ríos y estanques en la estructura que él mismo construye.

El Pájaro Carpintero

El Pájaro Carpintero tiene la capacidad de hacer agujeros en la madera y se alimenta de insectos escondidos en las grietas. Con sus garras poderosas, tiene la fuerza para subir y bajar los árboles. Es también bastante persistente, un rasgo que se pone de manifiesto en su rítmica tocando sonidos mientras trabaja diligentemente, para alimentarse a sí mismo. Tenacidad y resistencia. Para avanzar hacia sus objetivos.

Personajes célebres que son Capricornio:

Ernest Hemingway, Carlos Santana, Diana de Gales, Meryl Streep, Tom Hanks, Pamela Anderson, George W. Bush (hijo), Nelson Man

Compatibilidad de Capricornio

¿Con qué signos es compatible Capricornio?

Te contamos como se lleva **Capricornio** con todos los demás signos del Zodiaco. Tan solo tienes, que hacer clic en la combinación que te interese de la lista abajo, para descubrir el grado de compatibilidad.

El signo Capricornio es un signo de tierra. Es ambicioso, frío, calculador, previsible...Capricornio es uno de los signos del zodiaco más estables, seguros y tranquilos. Son trabajadores, responsables y prácticos y dispuestos a persistir hasta sea necesario para conseguir su objetivo.

Ver **Características de los Capricornio**

Los signos que buscan liderazgo y seguridad en su pareja, no se sentirán defraudados.

Compatibilidad de Capricornio con otros signos

Compatibilidad Capricornio y Escorpio

Capricornio y Escorpio. Tierra + Agua

Se trata de una combinación apasionada y fiel, y puede ser **una de las mejores del Zodíaco**. Incluso si no es una **relación romántica**, es probable, que los dos sean cariñosos mutuamente y se sientan muy cómodos con el contacto físico. **Estos dos signos pueden ser amigos maravillosos, familiares, socios empresariales y compañeros.**

Escorpio es famoso por ser seductor y apasionado y a Capricornio no le molestará ni lo más mínimo. Mientras Escorpio no seduzca a alguien más, **Capricornio estará encantado** de recibir tanta pasión y deseo. Escorpio no teme acercarse de verdad y con franqueza y eso impresiona a Capricornio. Otros pueden confundir la reserva de Capricornio con una actitud distante, pero en lo más profundo de su interior, la mayoría de **los Capricornio estarían encantados** de que alguien penetrara sus defensas.

Escorpio puede hacerlo y conseguir que a Capricornio le guste... ¿Qué más se puede pedir? No obstante, ambos deberán tener cuidado de no caer en su tendencia a la actitud posesiva, los celos y la venganza. Tanto **Capricornio como Escorpio pueden ser exigentes y rencorosos**, por lo que conviene asegurarse de que ambos conocen de antemano las reglas del compromiso y están de acuerdo con ellas.

Escorpio es un signo de Agua, lo que armoniza bien con la naturaleza de Tierra de Capricornio. Escorpio se siente más cómodo que Capricornio con las emociones y puede ayudarle a abrirse y a expresar sus sentimientos en un entorno seguro. A cambio, la personalidad más práctica y sólida de Capricornio inspira a Escorpio a utilizar sus poderes creativos de forma constructiva.

Como signo Fijo, Escorpio puede ser muy leal y mostrar un gran compromiso con los objetivos y valores conjuntos, y no le importará que la inclinación de Capricornio como signo Cardinal sea la de asumir el papel de liderazgo. Aun así, habrá que tener cuidado de mantener abiertas las líneas de comunicación. Cuándo esta relación va mal, los sentimientos de dolor y el resentimiento pueden durar varias vidas, dado que ninguno de los dos tiene tendencia a perdonar y olvidar.

Los dos **pueden ser muy felices juntos**, ya sea en una relación familiar, una sociedad empresarial o una conexión romántica. Cuándo otras situaciones facilitan una buena comunicación y compatibilidad, esta puede ser una relación muy exitosa y duradera. Se trata de una combinación dinámica y apasionante con un gran potencial para el largo recorrido.

Consejos para hacer que funcione:

Para que funcione, Escorpio tendrá que respetar la necesidad de Capricornio de centrarse en el trabajo y en sus objetivos; y Capricornio tendrá que buscar tiempo para hacer que Escorpio se sienta más querido.

Compatibilidad Capricornio y Capricornio

Capricornio y Capricornio. Tierra + Tierra

Esta puede ser una combinación muy compatible, pero también podría adolecer del síndrome de 'demasiado buena'. Si ambos tienen suficientes intereses diferentes como para **evitar caer en la rutina** y consiguen mantener un equilibrio sano de poder, podría ser una relación muy feliz.

Dado que los dos están influenciados por **el sobrio y conservador** Saturno, no es probable que se trate de una relación casual. Incluso si solo son conocidos, tenderán a tomarse muy en serio mutuamente. La mayoría de los **Capricornios experimentan problemas significativos en la infancia**, pero suelen resolverlos con el paso del tiempo. Y alcanzan su plenitud en la madurez.

Como signos Cardinales, ambos tenderán a asumir funciones de liderazgo y esto puede suponer un problema en algunas relaciones. Ambos deberán comunicar sus expectativas desde el comienzo y eso puede implicar, también, dejar a un lado las que no sean realistas. Crear una división de trabajo y responsabilidad con la que ambos estén de acuerdo, de modo que ninguno de los dos se sienta sobrecargado o injustamente tratado.

COMPATIBILIDAD DE HORÓSCOPOS

euroresidentes.com

La doble combinación de Tierra aumenta la compatibilidad, dado que los temperamentos de ambosson iguales. Los dos aprecian los placeres de los sentidos y suelen tener una líbido por encima de la media... De hecho, Capricornio es uno de los signos más apasionados. También comparten el instinto por lograr **prosperidad y prestigio,** por lo que es probable que coincidan en los mismos valores y objetivos. No obstante, tendrán que evitar ser demasiado materialistas.

La vida es más que la buena comida, el buen vino y las ventajas, que el dinero puede comprar. Se pueden hacer muchas cosas para hacer del mundo un sitio mejor y a los Capricornio les conviene encontrar maneras de donar su tiempo, dinero y energía a causas benéficas. Cuanto más den los dos al mundo, más probabilidades tendrán de recibir algo a cambio.

Finalmente, aunque esta puede ser una combinación muy buena, también **puede adolecer de tener demasiado en común,** para bien y para mal. Una posición compatible del Ascendente y la Luna puede aumentar las posibilidades de que sea una relación duradera y feliz.

Consejos para hacer que funcione:

Asegurarse de encontrar tiempo para salir y para desmelenarse, y procurar ser todo lo impulsivo que se pueda. Sorprender a la pareja con una cita erótica después del trabajo o una escapada romántica a algún sitio nuevo.

Compatibilidad Tauro - Capricornio

Tauro y Capricornio. Tierra + Tierra

La compatibilidad entre Capricornio y Tauro es muy alta, porque tienen mucho en común y pueden esperar ser muy felices juntos. El sentido práctico de Capricornio se lleva bien con la actitud realista de Tauro. Su conexión inicial con Capricornio será buena y Tauro encontrará muchas similitudes con su pareja.

Tanto Tauro como Capricornio ven la vida con un enfoque práctico. Ambos son realistas y viven en el mundo real. Y en lo, que se refiere a los aspectos espirituales y filosóficos de la vida, también muestran una gran compatibilidad. La combinación amorosa entre estos dos signos del zodíaco estará basada en la confianza mútua, además de formalidad y coherencia.

En cuestiones económicas, no habrá incongruencias, ya que ninguno de los dos es propenso a las extravagancias.

La firmeza, las ambiciones y la calma de Capricornio atraerán a Tauro, quien a su vez atraerá a Capricornio con su fuerte determinación, transmisión de confianza y fuertes lazos familiares. Tauro apoyará siempre a Capricornio en la realización de sus sueños y siempre estará ahí para felicitarlo con una palmada en la espalda cuando los logre. Tauro nunca se sentirá inseguro en compañía de Capricornio y lo mismo sucede al contrario. Capricornio es más variable, que Tauro en el sentido de que es más propenso a experimentar e intentar nuevas cosas.

Puesto, que están tan seriamente centrados en todos los aspectos de la vida, **pueden fracasar a la hora de disfrutar del día a día**. Ambos deberán aprender la técnica de entretenerse juntos, de lo contrario la monotonía e incluso, el aburrimiento podrían entrar en la relación y aunque se puedan sentir bien simplemente caminando juntos a paso lento, pueden empezar a perder amigos si no hacen un esfuerzo.

Ambos signos son bastante tradicionales y pueden depender del otro para las cosas prácticas. Capricornio hará que Tauro se sienta seguro, porque es ambicioso y da gran importancia a los logros en el mundo real. Los dos tienden también a poyar a su pareja y es muy probable, que ambos unan sus fuerzas en un proyecto común, en cuyo caso las probabilidades de éxito son muy elevadas.

En el plano sexual, deberán trabajar duro, ya que Capricornio puede resultar un poco serio y retraído, mientras que Tauro tiene unas necesidades sexuales muy marcadas. No obstante, debido a que confían tanto el uno en el otro, no debería ser un problema y con el tiempo Capricornio será capaz de entrar en una nueva fase de placer sexual.

Ver Tauro y el sexo y Capricornio y el sexo.

En general, esta es una relación muy compatible y especialmente, en el caso de los Capricornio nacidos entre el 2 y el 10 de Enero, que por estar regidos por Venus (astro regente de Tauro) demuestran más sus sentimientos. Los Tauro más compatibles son los nacidos entre el 11 y el 21 de Mayo.

Compatibilidad Capricornio y Leo

Capricornio y Leo. Tierra + Fuego

Capricornio y Leo son una pareja muy improbable, pero a veces esta combinación puede funcionar muy bien. **Parece haber una conexión kármica entre ambos**, especialmente si están conectados por una relación familiar. Si ambos dejan a un lado su orgullo y trabajan juntos por un fin común, podría ser una relación muy gratificante. **Su grado de compatibilidad podrían ser bueno.**

Leo está regido por el Sol y tiene un sentido natural de orgullo y dignidad. El León o la Leona quiere tener buen aspecto para el resto del mundo y apreciará los elevados estándares de la naturaleza conservadora y sólida de Capricornio. **La dignidad y el aspecto serio de Capricornio suele ganar el respeto de Leo**... Y cuando alguien se gana el respeto de Leo, puede tenerlo comiendo en su mano indefinidamente. De hecho, Capricornio parece ser capaz de manejar al prepotente

Leo mucho mejor que la mayoría, logrando que hagan la parte de trabajo que les corresponde mientras continúan ronroneando de satisfacción. **Leo suele mira el lado positivo de la vida y puede animar a Capricornio** cuándo este se ve afectado por la tristeza Saturnina. A cambio, la naturaleza realista y práctica de Capricornio es el antídoto perfecto para los momentos en los que la cabeza de Leo se pierde en las nubes.

Puesto, que Leo es un signo de Fuego impulsivo y emocional y Capricornio es un signo de Tierra práctico y controlado, **ambos tendrán que aprender a respetar y tolerar sus diferentes temperamentos.** Leo puede cansar a Capricornio con su desenfrenado entusiasmo y sus legendarias pataletas, mientras que Capricornio probablemente asfixie a Leo con su humor pesimista y sus ideas anticuadas.

Los dos tienen el poder de destruirse mutuamente si no aprenden a apreciar y valorar las diferentes cualidades, que cada uno de ellos aporta a la relación. Como signo Cardinal, Capricornio ha nacido para liderar. Leo es un signo Fijo y no le importará que Capricornio tome el liderazgo, siempre y cuando sea él quien dirija por detrás. **Juntos pueden ser un equipo formidable...** si deciden que vale la pena el esfuerzo de trabajar juntos.

Esta no es la combinación más fácil del Zodíaco y funciona mejor cuándo se dan más aspectos armoniosos entre la Luna y el Ascendente. Cuándo los dos quieren que funcione, puede ser una relación muy sólida. De lo contrario, puede que no valga la pena.

Consejos para hacer que funcione:

La conexión amorosa entre Leo y Capricornio será mejor si los dos se encuentran en el mismo tipo de negocio y pueden dirigir el mundo juntos, persiguiendo constantemente sus sueños conjuntos.

Compatibilidad Acuario - Capricornio

Acuario + Capricornio = Aire + Tierra

La compatibilidad entre Capricornio y Acuario puede ser bastante alta

Si los dos logran que las importantes diferencias que existen entre ellos, se conviertan en un punto positivo de la pareja. Si no, la relación será muy tormentosa y es probable, que lejos de complementarse, los dos terminen completamente agotados

Los Acuarios son creativos, hábiles y tienen una gran capacidad de adaptación a los cambios de su entorno y de su vida en general y son capaces de comprender cada detalle de cada situación.

La forma de enfocar la vida de un **Capricornio es mucho más práctica**, imparcial, consistente y firme. Esto quiere decir, que ambos signos podrían ayudarse mucho y convertirse en un gran equipo, aunque podrían funcionar mejor en el ámbito profesional, que en el sentimental.

El punto débil de esta combinación es la tendencia por parte de ambos signos de participar e involucrarse en multitud de actividades, lo cual les puede distanciar. Les puede llevar a dedicar poco tiempo a su relación de pareja, lo cual puede enfriar la relación y convertirla en una relación carente de emoción, romanticismo y amor. Para superar este obstáculo ambos signos tendrán, que esforzarse: Acuario tendrá que ser menos independiente y Capricornio tendrá que ser más entusiasta y aventurero.

Los dos signos están influenciados por Saturno, un planeta estable, que aporta **sosiego y planificación.** Lo malo es que Acuario, gracias a Urano, siente la necesidad de provocar al prójimo, forzar situaciones y cuestionar.

Esto puede ser bueno, ya que Capricornio necesita de vez en cuando un empujón; y a los Acuario les viene bien tener a alguien, que les aporte estabilidad. Además, los Capricornio suelen ser muy cautelosos con el dinero, y esto también es una ventaja para los Acuario, que tienden a olvidarse de su economía.

Acuario y Capricornio en la cama

En cuanto a **su vida sexual**, para lograr una alta compatibilidad en sus relaciones íntimas, ambos signos tendrán que tener en cuenta las características bien distintas el uno del otro. Capricornio tiene un enfoque más bien tradicional ante el sexo, mientras que a muchos Acuarios les gusta experimentar.

Ver **Acuario y el sexo** y **Capricornio y el sexo**.

Los Capricornios más compatibles con Acuarios son los, que cumplen años entre el 22 de Diciembre y el 1 de Enero, mientras que los Acuario más compatibles son los que cumplen entre el 9 y 18 de Febrero.

Compatibilidad Cáncer y Capricornio

Cáncer y Capricornio. Agua + Tierra

La Compatibilidad entre Cáncer y Capricornio es már bien baja. A pesar de las importantes diferencias entre los signos de Cáncer y Capricornio, es posible que se establezca una relación entre los dos, aunque ambos **deberán poner un poco de su parte.** Mientras que los Cáncer son cariñosos y expresivos, a Capricornio le cuesta expresar sus sentimientos.

El enfoque de la vida de los Cáncer se puede resumir del siguiente modo: 'Lo mejor de la vida no son las cosas'. **Cáncer es diametralmente opuesto a Capricornio,** que es muy 'materialista'; por lo general, su objetivo son los logros materiales y económicos, mientras que Cáncer tiene un enfoque más simple e intuitivo.

A los Capricornio les gusta lo que se puede comprar con dinero y a menudo, ven su bienestar emocional en función de lo que tienen. Esto es aplicable también a la vida familiar. Les gusta la vida familiar y tienen unos valores tradicionales similares a los de los Cáncer, pero ponen el bienestar material y económico mucho más arriba, que los Cáncer en la lista de ingredientes fundamentales.

Sin embargo, muchas **relaciones Cáncer-Capricornio pueden ser sólo de conveniencia**. Ambos deberán ver más allá de sus necesidades de seguridad emocional (en el caso de los Cáncer) o material (en el caso de Capricornio). Hay un sutil intercambio entre ambos: 'Haré esto si tú haces eso'. Conviene, que los dos se aseguren de que ambos esperan lo mismo, uno del otro.

Sexual y emocionalmente es una combinación bastante complicada, ya que los Cáncer, sensibles y emocionales, necesitan más que el afecto contenido que Capricornio les ofrece. No es que no quieran ofrecer más; probablemente no saben cómo hacerlo. Para que la relación progrese, es importante que Cáncer le enseñe y que Capricornio esté dispuesto a aprender. Son bastante comunes las relaciones entre jóvenes Cáncer y Capricornios de mayor edad.

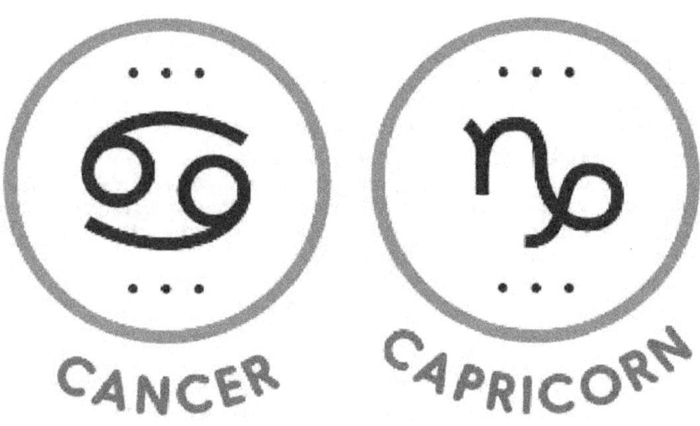

Los Cáncer se pueden sentir protegidos y respaldados por lo que Capricornio aporta a la relación. Para los Cáncer, el dinero no tiene un papel fundamental en una relación exitosa, pero se alegran de tenerlo; es un medio para llegar a un fin.

Cáncer y el sexo y Capricornio y el sexo.

Los Capricornio más compatibles con Cáncer son los nacidos entre el 2 y el 10 Enero y los Cáncer más compatibles para esta relación son los nacidos entre el 22 de Junio y el 3 de Julio.

Compatibilidad Capricornio y Sagitario

Capricornio y Sagitario. Tierra + Fuego

Sagitario no parece tener mucho en común con Capricornio, pero aún así **puede ser una combinación razonablemente buena**. Los dos tendrán, que **aprender a apreciar sus diferencias** antes de poder sentirse cómodos juntos, pero una vez hecho esto, puede ser un equipo muy exitoso.

Sagitario está regido por el optimista y comunicativo Júpiter, que contrasta considerablemente con la naturaleza Saturnina, más conservadora y reservada.**Sagitario podría acusar a Capricornio de ser un pesimista** aguafiestas, mientras que Capricornio se ve a sí mismo como un realista práctico y digno de confianza. **Sagitario puede desquiciar a Capricornio al ser tan quijotesco e irresponsable**, pero él se ve a sí mismo como idealista y progresista. Lo más probable es que la verdad esté en algún lugar intermedio, pero puede ser difícil de ver para cualquiera de los dos.

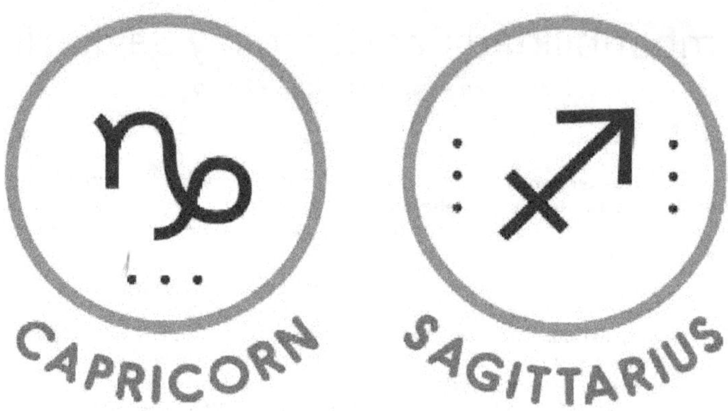

El optimismo de Sagitario ayuda a moderar la inclinación de Capricornio a sentenciar a la gente, mientras que el estilo sensato de Capricornio ayuda al Arquero a lograr sus objetivos más anhelados. **Ambos entienden la importancia de trabajar** hacia unos logros y es aquí donde pueden encontrar un terreno común.

Sagitario es un dinámico signo de Fuego mientras, que **Capricornio es un tranquilo** signo de Tierra, por lo que es fundamental que ambos respeten sus diferencias temperamentales. El entusiasmo de Sagitario puede inspirar a Capricornio a seguir apuntando cada vez más alto, mientras que Capricornio le puede mostrar a Sagitario el acierto de una escalada lenta pero firme hasta la cima.

Dado que **Sagitario** es de naturaleza Mutable, a él o ella **le preocupa principalmente la comunicación** y no le importará, que Capricornio quiera asumir el liderazgo. No obstante, **Capricornio tendrá que hacer el esfuerzo de expresarse** y explicarse con más frecuencia. Si bien muchos Sagitarios tienen el don de la previsión, no poseen necesariamente el de la telepatía. Capricornio deberá comunicar sus ideas, planes, objetivos y sentimientos si quiere que el Arquero le proporcione apoyo y energía en sus iniciativas.

Esta no es la combinación más fácil del Zodíaco y se beneficiará de una posición más compatible de la Luna y el Ascendente. Los dos **tienen personalidades muy diferentes**, pero pueden estar de acuerdo en la necesidad de tener un propósito y seguir una dirección. Cuándo se comprometen con los mismos objetivos y valores, pueden formar un gran equipo; de lo contrario, se molestarán demasiado mutuamente como para que la relación sobreviva cuándo las primeras llamas se apaguen.

Consejos para hacer que funcione la pareja Capricornio y Sagitario

Si se está muy enamorado y es necesario buscar una conexión amorosa entre Capricornio y Sagitario, es importante reconocer de antemano lo diferentes, que son ambos signos y estar dispuesto a hacer sacrificios.

Compatibilidad Aries y Capricornio

Aries y Capricornio Fuego + Tierra

Es una combinación muy complicada y su grado de compatibilidad es bajo. Ambos signos deberán poner mucho de su parte para que la relación funcione, debido a sus enormes diferencias entre sus carácteres. Sus planetas regentes, Marte y Saturno, son fuerzas diamétricamente opuestas.

Aries tiende a ser extrovertido, seguro e impulsivo y no suele tomarse bien las críticas, mientras que los **Capricornio son mucho más introvertidos**, prácticos, conservadores e incluso, pesimistas. Son muy metódicos en su modo de abordar la vida y las relaciones, y necesitan tener un plan cuidadosamente detallado de toda su vida, mientras que Aries se siente atraído por la emoción de lo desconocido. Los Capricornio suelen ser muy justos, pero también bastante severos y serios, por lo que Aries se puede sentir juzgado por su pareja Capricornio.

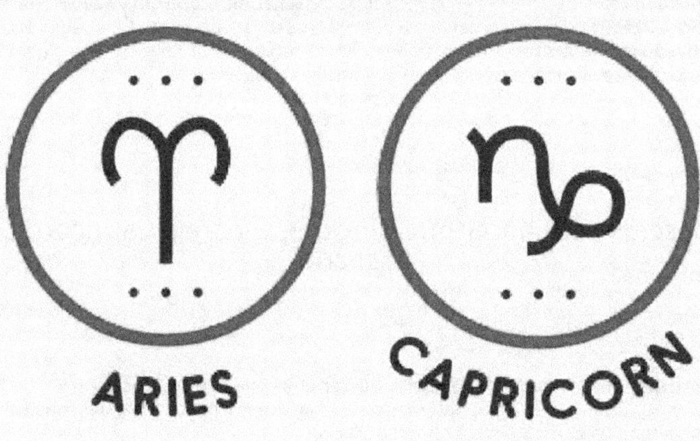

A los Capricornio les resulta difícil comprometerse totalmente con una relación de pareja y, para hacerlo, se tienen que sentir muy seguros de su pareja. Aunque pueden envidiar la energía y el optimismo de Aries, les será difícil afrontar el gusto por la libertad de este.

Por otra parte, **Aries necesita variedad** y una vida sazonada con especies, por lo que se podría sentir bastante atrapado en una relación con Capricornio. También se puede aburrir, porque a Aries le gusta vivir a un ritmo mucho más acelerado, mientras que **Capricornio prefiere, que las cosas vayan más despacio.**

Un campo en el que ambos signos son compatibles es en el trabajo, porque la naturaleza trabajadora y las excelentes habilidades de gestión de los Capricornio combinan bien con la ambición y el don de Aries. Una relación profesional entre estos dos signos sí debería funcionar.

Sexualmente, la combinación también tiene sus dificultades, ya que mientras que a Aries le gusta experimentar y es atrevido, Capricornio es mucho más conservador y le resulta más difícil dejarse llevar. Ambos signos deberán comprometerse y tener paciencia para tener relaciones íntimas satisfactorias.

Ver Aries y sexo y Capricornio y sexo.

Los Capricornio nacidos entre el 2 y el 10 de Enero son los más compatibles para esta combinación, porque debido a la presencia de Venus, les es más fácil ser cariñosos y expresar sus sentimientos y los Aries nacidos entre 10 y 20 de Abril tienen mayores posibilidades de compatibilidad con Capricornio. No obstante, es una combinación de signos muy difícil.

Compatibilidad Géminis - Capricornio

Géminis y Capricornio. Aire + Tierra

La compatibilidad de Capricornio con Géminis es bastante baja, dada la forma tan distinta, que tienen de enfocar la vida. A ambos signos tendrán, que hacer un gran esfuerzo para que la relación funcione a largo plazo.

A Capricornio le gusta avanzar en la vida de forma sistemática, siguiendo planes formulados para evitar sorpresas o imprevistos en su camino. Y aunque se convierte en un proceso monótono y tedioso, Capricornio no dejará de seguir avanzando hacia su objetivo hasta llegar a conseguirlo.

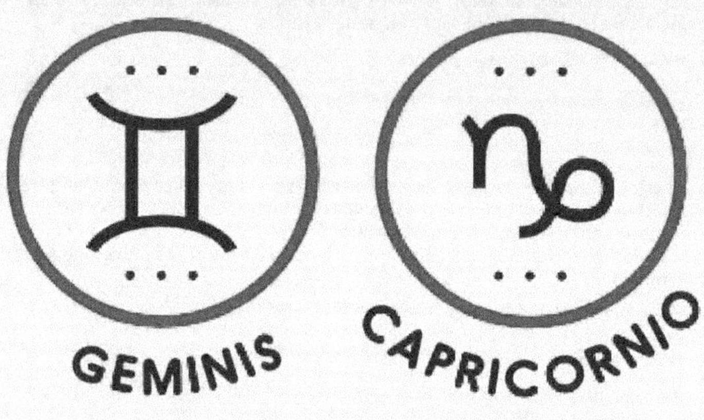

Géminis es todo lo contrario. Es uno de los signos más impulsivos del Zodiaco, y es capaz de cambiar de planes todos los días. Le resulta muy difícil fijar (y cumplir con) estrategias y casi imposible aguantar una situación (o vida) aburrida.

En asuntos financieros, el dinero es importante para **Capricornio y es muy prudente** con todo tipo de gastos - no porque sea tacaño, sino porque le preocupa mucho una estabilidad económica. **Géminis**, por otra parte, es mucho más descuidado y **tiende a gastar dinero en caprichos** o en regalos para su familia y amigos. En una relación de pareja de Géminis y Capricornio es muy importante sentar unas bases sobre la gestión de la economía doméstica para evitar posibles problemas en el futuro.

Los Capricornio más compatibles para una relación con Géminis son los que nacieron entre 11 y 20 de Enero, y los Géminis más compatibles para esta relación son los nacidos entre 13 y 21 de Mayo y 2 y 12 de Junio.

A Capricornio le encanta seguir unas reglasy a Géminis le encanta romperlas. Capricornio es muy cauteloso y cuidadoso en todos los aspectos de su vida. Sin embargo, Géminis se atreve con todo. Evidentemente estas diferencias pueden ser una ventaja en una relación profesional o de negocios, porque los atributos de cada signo se complementan. Sin embargo, pueden distorsionar una relación de pareja si los dos no hacen ningún tipo de concesión para asumir, y respetar, las diferencias de su pareja. Porque ambos signos tienen rasgos muy definidos, y se sentirán inseguros si el otro intenta imponer su forma de ser sobre el otro.

Si logran este respeto, construido sobre **una base de amor,** ambos signos pueden contribuir de forma favorable a la vida de su pareja. Capricornio podrá enseñarle a Géminis los valores de la constancia y esfuerzo mientras que **Géminis podrá ayudarle a su pareja a disfrutar más de la vida** y a tener más confianza en su capacidad intuitiva. Si Capricornio logra entrar en el espacio de la mente de Géminis, le podrá dar un nuevo rumbo a su vida.

En su relación sexual Geminis podrá ayudar a Capricornio a descubrir nuevas sensaciones y placeres y para los normalmente conservadores Capricornio, esto supondrá toda una revelación. En este sentido tienen una buena compatibilidad sexual.

Géminis y el sexo y **Capricornio y el sexo**.

No es la combinación más cómoda del Cosmos por varias razones, pero eso no significa que no puedan **aprender a estar juntos y amarse mucho.** De hecho, si aprenden a apreciar y respetar las fortalezas y debilidades del otro, los dos pueden llegar a ser mucho mejor persona. solo hará falta paciencia y comprensión, y quizás una Luna y un Ascendente bien colocados.

Compatibilidad Capricornio y Libra

Capricornio y Libra. Tierra + Aire

Regido por el amante de los placeres, Venus, a Libra le preocupan una etiqueta social apropiada y una actitud refinada. Esto encaja bien con Capricornio, dado que Saturno hace que sea propenso a mostrar el mayor decoro. Libra (la exaltación de Saturno) es el signo del equilibrio y la justicia, lo cual encaja también bastante bien con Capricornio. De hecho, **hay muchas razones para que Capricornio disfrute de la compañía de un amante Libra.**

El problema surge cuándo, al ser los dos signos Cardinales, descubren que **ambos quieren mandar**. Esto podría ser un desastre, porque los dos tienen ideas completamente diferentes sobre cuál es el mejor modo de avanzar. Capricornio tendrá que aprender a apreciar el modo en qué Libra realiza el trabajo y, a su vez, él o ella tendrán que apreciar las técnicas personales de Capricornio.

A Libra, signo de Aire, le gusta vivir en las nubes, muy por encima del Terrenal Capricornio. A Libra le fascinan las ideas, mientras que Capricornio insiste en los hechos materiales y concretos: si no puede verlo o tocarlo, ¿qué utilidad tiene?

Libra puede frustrar a Capricornio con su enorme indecisión, rumiando siempre atrás y adelante en un mar de pros y contras. Capricornio, por su parte, aclara su mente y se aferra a sus ideas... Y si resulta que sus ideas están equivocadas, le costará mucho aceptarlo.

Capricornio puede ayudar a Libra a ser más resuelto, mientras que Libra puede ayudar a Capricornio a tolerar el hecho de que, en ocasiones, las elecciones no están siempre tan claras.

Puede ser una relación difícil, pero puede funcionar bien, especialmente cuándo hay aspectos armoniosos en la Luna y el Ascendente. A pesar de que los dos tienen temperamentos y motivaciones muy diferentes, pueden aprender a trabajar juntos de forma productiva y positiva.

Consejos para hacer que funcione la relación Capricornio y Libra

Para que una relación entre Libra y Capricornio funcione, los dos tendrán que centrarse más en lo que sucede después de apagar las luces, cuando se quedan a solas.

Compatibilidad Capricornio y Piscis

Capricornio y Piscis. Tierra + Agua

Piscis, un signo Mutable, suele estar **dispuesto a seguir el liderazgo Cardinal de Capricornio** en los asuntos conjuntos. No es que Piscis no pueda encontrar su propio camino en la vida... De hecho, hay muchos Piscis ambiciosos. Es sólo que, normalmente, **Piscis prefiere ser un apoyo en lugar de protagonizar el espectáculo.**

A cambio de la protección del mundo frío y duro que le ofrece Capricornio, Piscis estará encantado de crear un mundo de fantasía e imaginación para que Capricornio se evada. Después de un largo día de trabajo, no hay nada como la magia neptuniana para ayudar a Capricornio a olvidar las preocupaciones del día.

COMPATIBILIDAD DE HORÓSCOPOS

euroresidentes.com

La unión de Capricornio, signo de Tierra, **con Piscis**, signo de Agua, muestra que los dos **tienen el potencial de hacerlo muy bien** en lo que se refiere a asegurarse un futuro material cómodo.

El Agua necesita que la Tierra le proporcione estructura, mientras que la Tierra necesita el Agua para ser fructífera y multiplicarse. Crear y cultivar es muy natural para los dos. Dado que Capricornio está regido por el decidido Saturno y Piscis está regido por el afortunado Júpiter (y el mágico Neptuno), no sería raro que amasaran una fortuna, aunque no hay ninguna garantía. No obstante, no hay que esperar que nada sea fácil.

Ambos tienden a esconder sus sentimientos, por lo que es importante mantener las líneas de comunicación abiertas. Para evitar confusión y malentendidos, tendrán que reservar tiempo todos los días para conectar. Cuándo Saturno, Júpiter y Neptuno se combinan, los sueños se pueden hacer realidad, pero sólo a la antigua. **El trabajo duro** y la dedicación al otro y a los objetivos comunes traerán, finalmente, **grandes recompensas.**

Esta combinación normalmente funciona bien y solo falla cuándo hay conflictos importantes entre las cartas de ambos. Mientras los dos se comuniquen abiertamente, con claridad y de forma regular, debería ser una relación larga y muy satisfactoria. Es una combinación perfecta.

Consejos para hacer que funcione la pareja Capricornio y Piscis

Aunque pueda ser un camino mayoritariamente liso, en **una unión amorosa entre Piscis y Capricornio** pueden surgir algunos roces por el comportamiento de ambos, ya sea por ser Capricornio demasiado práctico y metódico o porque las elecciones de Piscis se basen únicamente en emociones. Sin embargo, nada que no se pueda superar con un poco de paciencia.

Compatibilidad de Virgo y Capricornio

Virgo y Capricornio. Tierra + Tierra

Ambos signos son sensatos y prácticos, pero con algunas diferencias. Por ejemplo, los Virgo suelen estar más interesados en ofrecer un servicio práctico y claro que los Capricornio a quienes les interesa más el éxito. A Ambos signos son realistas, leales y poseen la madurez necesaria para encontrar soluciones reales para problemas difíciles.

Los Virgo ayudan a los Capricornio a sentirse renovados y jóvenes y se las arreglan para sacar la cara más traviesa y divertida de este signo, que por lo general se muestra bastante serio y ambicioso.

Capricornio también saca lo mejor de Virgo, que suele ser menos crítico con su pareja Capricornio que con sus parejas de otros signos. Esto puede hacer, que el Capricornio gane confianza y prospere cerca de una pareja Virgo. Ambos signos necesitan seguridad y comodidad a largo plazo y son capaces de entregarse mutuamente.

Capricornio es más ambicioso, que Virgo y le gusta planificar cada paso y llegar a la cima. Para realizar sus ambiciones Virgo resulta la pareja ideal, porque además de ser muy trabajador, no es nada envidioso por lo que celebrará los éxitos de su pareja como si fuesen suyos propios. Juntos una pareja Virgo-Capricornio pueden alcanzar casi cualquier cosa, que se propongan.

Desde el **punto de vista financiero**, es una combinación muy buena, ya que ambos signos tienden a ser trabajadores y cuidadosos con el dinero.

Virgo y Capricornio generalmente tienen excelentes relaciones físicas, puesto que sus necesidades y deseos son similares. Los Capricornio se encontrarán con que son sorprendentemente cariñosos y protectores con su pareja Virgo, quien a su vez, se deleitará con la seguridad y el amor, que le ofrece Capricornio.

Ver **Virgo y sexo y Capricornio y sexo**

Los más compatibles para esta combinación son los Capricornio nacidos entre el 2 y el 20 de Enero y los Virgo nacidos entre el 3 y el 22 de Septiembre, aunque independientemente de la fecha de su cumpleaños ambos signos se beneficiarán muchísimo de esta relación.

GRACIAS
TUS COMENTARIOS SON
Bienvenidos.
Tienes preguntas contáctanos
Nuestro canal de YouTube
Email: DANNYSANJURNNY@GMAIL.COM

www.ingramcontent.com/pod-product-compliance
Lightning Source LLC
LaVergne TN
LVHW020526160826
845677LV00015B/3926

* 9 7 9 8 6 9 7 4 8 0 1 5 1 *